AF509273

PRIVILÉGES

de la

VILLE DE LANGON

recueillis

par M. VIRAC, notaire à Sauternes,

membre correspondant de la Commission des monuments historiques.

COMMUNICATION FAITE A L'ACADÉMIE

par M. L. DE LAMOTHE,

membre de ladite Compagnie,

et Secrétaire de la Commission des Monuments historiques du département.

BORDEAUX,

CHEZ HENRY FAYE, IMPRIMEUR DE L'ACADÉMIE,

rue Sainte-Catherine, 139.

1846.

PRIVILÉGES

de la

VILLE DE LANGON.

La formation des communes au moyen âge, la concession des chartes et des priviléges à de simples bourgeois dont l'association recevait ainsi la vie civile, c'est là certainement un des plus grands spectacles que présente l'histoire, et devant lequel notre époque surtout ne saurait rester indifférente. Les Manceaux rasant, dans la deuxième moitié du onzième siècle, la forteresse où Geoffroy de Mayenne s'était enfermé pour s'assurer la possession de la ville du Mans, sont les véritables aïeux de ceux qui renversèrent les murs de la Bastille. Mais, au onzième siècle, la raison publique n'était pas assez mûre pour qu'un système uniforme pût naître de ces affranchissements partiels. Aussi les chartes qui furent accordées par les seigneurs présentent-elles les plus grandes divergences. Quelques villes possédaient des priviléges et des franchises, sans avoir de constitution communale; d'autres avaient conservé des restes plus ou moins intacts du régime municipal romain. Dans quelques localités, le clergé opposa de vives résistances à l'établissement des communes; sur d'autres points, dans le midi plus particulièrement, il se montra souvent partisan des libertés publiques. Ces données si curieuses ne se trouvent presque jamais que dans les priviléges des villes. Malgré le juste intérêt qu'excitent cependant les documents de cette nature, peu de personnes dans nos contrées se sont occupées jusqu'à ce jour de leur recherche; un petit nombre seulement ont été publiés. Une de ces chartes nous a été communiquée par M. Virac, notaire à Sauternes, correspondant de la commission des monuments historiques. Elle se rapporte à la ville de Langon, et nous a paru d'un intérêt trop réel pour ne pas être mise sous les yeux de l'Académie, dont les actes renferment déjà un si grand nombre de documents sur l'histoire et l'archéologie locale.

Cette pièce n'existe plus en original : elle disparut sans doute dans les guerres de la Fronde; mais elle subsistait encore en 1624. Un acte daté de cette année apprend que ces priviléges étaient *écrits sur une peau de parchemin, partie en français, partie en gascon, et*

signés de Jean de Foix. On sait que Louis XI donna la
seigneurie de Langon à Jean de Foix par lettres patentes
du mois de mai 1462. Mais, si l'original est perdu, plu-
sieurs copies en subsistent. M. Lafargue, ancien notaire
à Langon, en a recueilli trois qu'il a déposées dans les
archives de cette ville; les archives de Saint-Macaire en
renferment une quatrième. C'est en vérifiant, en com-
parant ces quatre pièces que M. Virac est parvenu à
reconstituer avec une sagacité fort remarquable le texte
probable de la charte primitive. Voici en quels termes
il discute le degré d'authenticité ou le mérite histori-
que de ces diverses copies, et explique la préférence
qu'il a donnée à la copie déposée dans les archives de
Saint-Macaire.

« Deux des copies appartenant aux archives de Langon contiennent moins d'articles que la troisième. L'une
d'elles a le préambule et la clôture de la charte accor-
dée par Gaston le 26 septembre 1494. Je lui ai em-
prunté ces deux parties peu importantes de mon tra-
vail; elle a son texte français, et a été écrite en 1751,
c'est la reproduction d'un vidimé ou d'une traduction
fort inexacte, opérée devant M. André de Fourquie,
juge de Langon, le 23 mars 1640. La seconde de ces copies n'a reproduit ni le préambule, ni la clôture de l'o-
riginal : elle est pleine d'inexactitudes et de gallicismes.
M. Lafargue l'attribue à M. Mozies, contrôleur à Langon,
et la fait remonter à l'année 1782. Par quelques notes
qui y sont jointes, il est facile de comprendre qu'elle a
été faite sur un extrait des registres de la jurade de
Bordeaux, délivré par le greffier Lasserre, le 3 janvier

1603, et que ces registres contenaient, eux, la copie d'un vidimi fait par de Vermés et Cabannes, notaires, le 18 janvier 1597. Quant à la troisième des copies dé‑posées aux mêmes archives, elle reproduit une charte de Frédéric de Foix, confirmative des priviléges accor‑dés par Gaston de Foix son père; celle-ci contient, outre son préambule en français, soixante-un articles de texte, également en français [1], qui sont une traduction, à peu près exacte, des soixante-un articles de la copie existant dans les archives de Saint-Macaire. Il est assez curieux de remarquer que Frédéric énonce, dans les motifs de sa confirmation, qu'il octroie cette nouvelle charte : *attendu qu'il estoit fort malaisé de lire les priuilèges accordés par son père et autres ses prédécesseurs.* J'ai eu le regret de trouver cette copie, qui est d'une écri‑ture des premières années du dix‑septième siècle, pri‑vée de sa clôture, et par conséquent de sa date. Le scri‑be n'a pas cru devoir pousser plus loin que le dispositif.

» Quant à la copie trouvée dans les archives de Saint-Macaire, elle n'a ni préambule, ni conclusion; elle a sé‑journé dans un lieu humide et elle est en fort mauvais état; son premier feuillet en a même été détaché et perdu; aussi m'a-t-il fallu avoir recours, pour remplir la lacune qui résultait de la perte de ce feuillet, à la copie

---

[1] En regard de l'article 20, le copiste a placé, outre le chiffre qui de‑vait numéroter régulièrement cet article, le chiffre 21, de telle sorte que l'article, qui devait être numéroté 21, est indiqué sous le numéro 22 ; et cette erreur s'étant continuée jusqu'à la fin, il en est résulté que l'on a assigné à la charte de Frédéric 62 articles, tandis qu'elle n'en a réellement que 61.

Mozies, tout imparfaite que celle-ci puisse être. Elle est d'une écriture du seizième siècle. Son texte gascon renferme, il est vrai, bon nombre de gallicismes, mais en bien plus petite quantité que la copie qu'a laissée M. Mozies. Elle est l'œuvre d'une main exercée et a fait partie d'un dossier de pièces ayant trait aux nombreux procès qui ont divisé pendant des siècles les populations langonnaise et macairienne.

» Cette dernière pièce étant évidemment la plus ancienne, s'accordant avec la confirmation de Frédéric, et contenant, comme celle-ci, les articles 25, 26, 27, 28, 29, 30, 31 et 32 omis dans la copie Mozies, j'ai cru devoir la préférer aux trois autres. Précédée du préambule, et suivie de la clôture du vidimé Fourquie, complétée, en outre, par le fragment extrait de la copie Mozies, elle pourra encore perpétuer et conserver une de ces institutions municipales qui satisfirent aux nécessités et aux exigences d'une autre époque. »

PRIVILÉGES DE LANGON.

———

Gaston de Foix captal de Buch conte de Candale, de
Benauge et de Lauar vicomte de Castillon de lomaigne et de
hautuillar seigneur des terres basses dalbiges et castres
seigneur de la baronnie terre et seigneurie de Langon gou-
verneur de la ville et gouvernem^t de La Rochelle ressort
et chatellenie d'icelle à tous ceux qui ses presantes lettres
verront scauoir faisons que nous auons recu tres humble-
ment supplication de nos ames subjetz les bourgeois manans et habitans de notre baronnie ville terre et seigneurie
de Langon contenant que notre ville est vne bonne ville
marchande et sur port de mer ou journelement arriuent
marchands tant par mer que par terre et que por la police
et intretz de la chosse publique de ladite Ville soit très ne-
cessaire auoir priuileges libertes et franchises par lesquelles les biens et vtilité de ladite chose publique soit regi et
gouuerne au bien vtilité et profit de nostre dite ville sujets
et habitans dicelle Nous inclinans a ladite requeste ayant
esgard au bien et vtilité de nostre ville sujets et habitans
d'jcelle et afin qu'ils puissent doresnauant Viure en bonne
police et Vnion et que nostre dite Ville en puisse estre mieux
peublée et aussy les autres lieux et Vilages du pouuoir d'j-

celle et voulant nourir paix amour bonne concorde et vnion
entre eux de nostre bonne voulonte et parfaite science pour
nous nos hoirs et successeurs et qui de nous auront causse
au temps auenir aux dits bourgeois manans et habitans de
nostre dite Uille baronnie terre et seigneurie de Langon
pour eux leurs heritiers et successeurs **auons auiour-
d'huy** donne et octroye donnons et octroyons par ces pre-
sentes tous et chacuns les priuileges franchises libertes ainsi
et par la mesme forme et maniere qu'ilz sont contenus et
ecritz cy dessus par articles. *(Préambule tiré de la copie
Fourquie.)*

1. — Et premierement est a scauoir que quand lo seignor
dudit Langon ou aquet que per et au nom de luy et qua
sera a far lo segrament aux jurats bourges et habitans de
ladite ville baronnie terre et seigneurie de Lengon que
et lor sera bon seignor et fauorable et los gardar et far
*(Ces cinq lignes sont empruntées à la copie Mozies; ce qui
suit est tiré de la copie de Saint-Macaire.)*
gardar de tort et de force de sin medis et dautruy a son
leyau poder Et los auanditz juratz bourges manans et habitans de lad. ville baronie terre et seigneurie dud. Langon jureran et permeteran a lauendit senhor ou a dequet
qui per au nom det sera cometut que etz seran bons et
leiaux subiectz audict senhor Et si saben aulcun damnatge
que luy degos venir quetz len aduertiran et feran sauer au
plustot que poyran ou a dequet qui per au nom det sera
eviteran son mau a lor poder et garderan et pourchasseran
son ben et lou serviran enuertz toutz et contre toutz lou
viuens reseruat la personne deu Rey duc de Guiayne.

2. — Item es ascauer que los bourges habitans de lad.
ville de Langon qui ares sont et per temps aduenir seran
poiran mettre medis et eslegir quatre jurats per lou profit

et vtillitat de lad. ville et deu comun et eslegitz que sien losd. juratz seran presentatz au juge dud. Langon ou son loctenent loquau receura lou sagrement en tau cas accoustumat en presence deu procur.ᵣ per lod. senhor en lad. ville.

3. — Item losd. Juratz poiran eslegir chascun an doutze hommes de ben de lad. ville per estar conseiller et preudhomes ab edz Et que aquetz toutz ensemble pousquen ordonnar de toutes causes que lad. ville aura a far sans lou remonstrar a aultres si non aulx officiers deud. senhor.

4. — Item seran tengutz rendre los comptes deus deneys comuns de lad. ville los Jurats vielz aulx noedz deuant los officiers deud. senhor chun an.

5. — Item que tout bourges et habitant vsera et se gaudisque de las coustumes et franqueses de bazades tocans los appelz si besoin los es tout ainsi et per la maniere que los ancestres deusd. bourges an accoustumat auer au temps passat.

6. — Item que tout bourges de lad. ville es franc et quitte de tailles et de questes en possessions et malestotes et es quitte de tout peage en ladicte seigneurie de blat vin vestiar et aultre marcadese que crechera et bayra en lad. terre et seignorie dud. Langon.

7. — Item que tout bourges et habitant de lad. ville et sa famille es quitte du passage deu port dud. Langon tout vng an per vng deuey bourdales auxi com an acoustumat pagan lod. daney lou jour et feste de capdan chascun an au

passatgey et lod. passatgcy es tengut anar seccar & damandar per chascun hostau lod. deney.

8. — Item que tout bourges habitant de lad. ville pot
tenir forn en son hostau per sin a coyre.

9. — Item que losd. Juratz et conseil de lad. ville poiran
presentar au Juge deud. Langon ou son loctenent las pancousseres per far lou sagrement en tau cas acoustumat.•

10. — Item Jureran lasd. pancousseres que eres feran
bon pan blanc et en cos et de bon et leyau pes segon que
sera lo marquat deu blat ou carestie Et au cas que fasin
lou countrary seran tengudes pàgar sieys solz bourdales au
senhor et lou pan à lordonnance desd. Juratz.

11. — Item que chascune pancoussere sera tengude pagar chascun an aulx Juratz de lad. ville cinq solz bourdalles lou Journ de n̄re dame de martz chascun an a cause de
la presentation comme dessus es dict.

12. — Item que toute fame bourgese de lad. ville pot far
pan a vendre chūn an daqui a deulx boischetz de blat sans
res pagar ausd. Juratz et de qui en la non sans far lou segrement comdict es Et si fen lou contrary pagueran aud.
senhor seys solz et lou pan comme dessus.

13. — Item que los Juratz et conseil de lad. ville poiran
mette et pausar chascun au boucheys soufizantz en lad.
ville au profit et vtillitat c̄mun et los presentar aud. Juge
ou son loctenent per recebre en tau cas acoustumat.

14. — Item Jureran losd. boucheys que edz tendran

lad. ville de Langon prouedides a toutes hores de bounes
carns et marchandes deu jorn que feran lodict segrement
de qui a dumar gras apres seguen Et si fen lou contrary
lou senhor y a sieys solz bourdalles per la premere beguade et dequi auant lesmende arbitrary.

15. — Item losd. boucheys seran tengutz de vendre
lasd. carns a la liure tout ainsin que fen a Bazatz et far
boun pes tant au petit que au grand et si fen lou contrary
lou senhor y a sieys solz bourdales per lou permey cop et
apres comme dessus.

16. — Item Jureran losd. boucheys de ne tochar bestiar
gros ne menut a Bourdeau ne en aultre part que une beguade losd. juratz officiers ou vesitedors per edz comis et
deputatz no aient visitat lodict bestiar et pres ce que bon
lour semblera per la prouision de lad. ville Et lad. ville proue-
dide lou demoran vendran la ou bon los plaira et si fen lou
contrary lou senhor ya comme dessus.

17. — Item que losd. boucheys non poiran vendre aulx
bancz publicz boucz crabes auoilles truyes porcs ladres ne
nul aultre bestiar naffrat de qualque condition que sien si
no a la craberie ne aussi non venderan los garrons ne es-
quiaulx de nulle besty grosse a la liure Et si fen lou contrary lou senhor ya come dessus.

18. — Item losd. boucheys non seran tengutz tuar aulcune besty grosse que non sie visitade sies marchande per
losd. juratz ou vesitedors a desso comis et depputatz per
losd. olliciers & juratz Et ou cas que non fosse lad. pièce
marchande sera tauxade per losd. vesitedors et alore seran
tengutz de la vendre ainsin que alhore sera taxade et aul-

trement non et si fen lou contrary lou senhor ya comme
dessus.

19. — Item seran tengutz losd. boucheys et chascun
deulx pagar chac. an ausd. juratz la somme de vingt arditz
lou journ et feste de ntre dame de martz.

20. — Item que toutz tauerneys et hostaleys publicz seran tengutz de venir cascun an lou journ q. losd. boucheys
et pancousseres prestaren lou segrement come dessus es
dict far segrement ausd. officiers & Juratz de no vendre
vin estrange dedens leurs maisons tant que sen trouuera
deu creu de lad. ville & juridiction et seigneurie de Lengon
et si fen lou countrary lou senhor ya soxante sieys solz
bourdales et lou vin a la mercy des juratz.

21. — Item q. losd. tauerneys & hostaleys no poiran
vendre vin pourrit agre ne poussat que no sie visitat per
losd. officiers et juratz et per los comes et per edz tauxat
et asso sus peine que dessus.

22. — Item que losd. tauerneys no seran tengutz me-
surar vin ab mesures que no sien mercades de la merque
deu senhor ou sien visitades per losd. Juratz et si fen lou
contrary lou senhor ya comme dessus.

23. — Item que tout vin que se vendera en tauerne dens
lad. ville ou en lad. terre seigneurie & baronnie de Langon
losd. juratz et conseil de lad. ville en prendran de chascune
pippe doutze deneys bourdales p. liure bourdaleze et se per
mettre a la repparation de lad. ville.

24. — Item lodict senhor ne aultre no poyra far debet

de son vin priuat ne estrange en lad. ville terre baronnie
et seignorie de Langon si no que sie du vouloir et consen-
tement desdictz Juratz & bourges de lad. ville dud. Langon.

25. — Item que aulcun bourges ne aultre habitant deud.
Langon et juridiction non poyra mette aulcun vin deu creu
de lad. juridiction dedens lad. ville que au prealable aquet
que ly vouldra mettre no laye remonstrat a ung desd. Juratz de lad. ville & juridiction pour ce faict f.ᵉ son segrement lod. vin estre du creu de lad. Juridiction per apres
fa entra lod. vin dans la ville et ce sur peine de soixante
sieys solz bourdalles desmende applicable meitat aud.
senhor et laultre meitat a lad. ville.

26. — Item que los borges de lad. ville possedans bourdieux et vignes en aultres juridictions en bazades poyran
enchaya leurs vins q. seran deu creu de leurs bourdieux
et vignes en la terre & juridiction deud. Langon en tout
temps hors lad. ville reseruat en la parropy de Tholenne
en bourdalles et lou remonstrant et se purgant au prealable deuant ung des juratz pour icelluy vin marquer affin
que non puisque entra dedens lad. ville et non aultres vins
que de leur creu tant seulement sauf en cas de necessitat
ayant permission deusd. juratz et ce sans aulcuns frais de
lad. marque et aquet vin poiran vende en gros quant bon
lor semblera et aquet que yra au contrary paguera lesmende
de soixante sieys solz bourdales applicables come dessus.

27. — Item que aulcun marchant estrangey ne aultre
non poira mette aulcun vin estrangey en lad. ville terre
et seignorie de Langon jusques an jour de nostre dame de
Candelon second jorn' den mes de feuriey chascun an si
non en passant seulement sauf en cas de grande necessi-

tat suruengude puys lentrade deud. vin en lad. juridiction
q. lod. vin y poira demoura en ladicte juridiction tres jours
tant soulemen et seran tengutz aquetz que vourrant enchaya losd. vins apres lod jorn de Candelon aduertir premeirement losd. juratz per merqua losd. vins de la merque
de lad. ville et per lad. merque aquet que fera enchaya lod.
vin paguera quatre arditz p.^r thounet de vin per conuertir
aulx repparations de lad. ville de Lengon et aquet qy contreuiendra paguera la medise esmende que dessus.

28. — Item que aulcun de bourges ne aultre habitant de
lad. ville et juridiction de Lengon nenchayran ne ne sou-
friran degun vin estrangeys sye enchaiat et metutz en
chays de leurs maisons de lad. juridiction sy non apres lod.
journ nre dame de Candelon et en aduertiran los juratz de
lad. ville ou lun detz sur peyne de detz liures tourn. applicables aud. senhor et lod. vin que se trouuera esta en-
chayat demourera a la discration et volontat deusd. Juratz.

29. — Item que degun carpentey de lad. juridiction de
Lengon ne aultre non poyra far aulcunes barricques que
no sient de la gauge de cent potz ne aussi aulcun desd.
habitans de lad. juridiction ne aultres no tiendran degunes
barricques que no sient de ladicte gauge comme feran de
mesme gauge en lad. paropy de Tholenne et aqueres barriques q. seran de lad. gauge de cent potz seran exemptes
de toute esmende sauf urgente necessitat que seran tengutz remonstrar aulx officiers deud. Senhor et Juratz de
lad. ville et celluy qui contreuiendra au contrary paguera
mesme esmende que dessus es dict et les barriques seran
espignades.

30. — Item que aulcun vin de Bazades no poyra entra

en la parropy de Tholenne et sil y entre aquet que ly
mettra paguera cent solz per thouneau aud. senhor et lo
vin a la discretion deusd. Juratz.

31. — Item que aulcuns vins de la vallegue de bourdalles no se poira enchaya ny mettre en aulcune maison dudit tolene que premeirement losd. Juratz de Langon non
sien aduertitz et sera merquat lod. vin de la merque de lad.
ville et sera metut en chay apres hors lous creu et vin
deud. tolenne et si es metut en comun ab lod. vin deud.
tolenne lod. vin de tholenne sera abastardyt et nentrera
en lad. ville de langon Et celluy q. aura prestat lou chay
ou lougat aud. Tolenne a mettre vin estrangey de bazades
paguera cent solz desmende et lo vin a la discration deus
Juratz et si lou vin es deu creu de bourdalles lou maistre
deu chay sera tenu en aduertir los Jurats deud. Lengon
po.ͬ icel. merqua a la peyne de lesmende ainsin ques dict
cy dessˢ.

32. — Item que toutz bourges de lad. ville de Lengon
seran francz de peatges pontaiges tant de la riuiere q. de
la terre de leurs marchandises qui passeran et repasseran
par les terres et passages deud. senhor o la charge que
losd. bourges et habitans de lad. ville seran tengutz en-
tretenir los pontz et camins suyuant les ordonnances deu
rey.

33. — Item que nul vin estrangey no se poyra vendre
a la tauerne dedens la ville et seigneurie deud. Langon
tant que ny aura deu vasut et cresqut de lad. senhorie et
qui fera lou contrary lou senhor ya soixante sieys solz
bourdalles et son vin comme cy dessus.

34. — Item que quant aquetz ou aqueres qui auran vins
dens lad. ville et senhorie de Langon no vouleran atabernar de leurd. vin que los auanditz Juratz demandam congeys aud. Juge ou son loctenent poiran far taberne si tauerne no y a au bourges ou bourgesse ou a daultres que vin aura et au cas que aquet de qui lod. vin sra non voulousse atabarnar losd. Juratz poiran mettre taberney sabut au profict et vtilitat daquet de qui sera lod. vin si no es en la ville et qui fera lou contrary lou senhor ya soixante sieys solz bourdalles et lo vin cm̄e es dict dess⁵.

35. — Item que tout bourges et bourgese de lad. ville pot mette lou vin de sa vigne a quau pretz que luy plaira lou permey coup tant seulement et apres no lou pot plus leuar mas baissar et no lou pot retreyre ne aduansar de nau jours apres sans licency desd. Juratz et officiers et losd. Juratz poden prendre lou sem deud. vin quant es boueyt de tout vin quant ed se taberne et nul vin non se pot vendre a taberne en loustau on sera crompat sinon que lou bacset[1] douny nau tours et apres lou conget deusd. Juratz et qui fey lou contrary lou senhor ya soixante sieys solz et lou vin comme es dict dessus.

36. — Item que toute la sau que se descarguera aud. Lengon ou en la senhorie losd. Juratz prendran de soixante pippes ung maillau ou si en ya plus ou mens a lequipolant.

---

[1] Dans le vidimé Fourquie et dans la confirmation de Frédéric, ce mot a été singulièrement traduit : on a cru qu'il signifiait *vaisseau;* M. Mozies, guidé par ces textes français, l'a à son tour copié *bachet* (bateau); c'est absurde. Je crois que *bacset* est une corruption du mot latin *capsa* qui signifie *caisse, tambour,* et, ce qui vient à l'appui de mon opinion, c'est que, dans l'idiome actuel du pays, on dit encore *bacsin* pour *tocsin*.

37. — Item que losd. Juratz et conseil de lad. ville prendran per tout ca cargat qui entrera en lad. ville et sen
tournera cargat ung ardit et si tourne boueyt et sen tourny
carguat ung Jacques et si entre cargat et sailly boueyt ung
Jacques et per ung sommey bastat et cargat ung deney
bourdales et asso per la reparation de lad. ville.

38. — Item que tout bourges habitant de lad. ville pot
tenir de touts pes loiaulx au peys de bazades a seze onces
la liure et pot tenir mesures de vin mercades de la merque
deu senhor et non pot tenir aulcune aulne de bourdeau
que aulne et bergue de bazats per son medis en son obre-
duy mas que sie merquat de la merque deu senhor et auxi
medix los maillaux pot tenir tout bourges mas que sye
merquat come dessus et qui fay lou contrary lou senhor
ya soixante sieys solz bourdales et lous pes, aulnes et mesures a lordonnance deus Jurats.

39. — Item que nul mersey estrangey ne priuat no pot
vendre nulle mercaderie que sye si no ab lou pes de bazades en la feyre ne en marquat ne nul marchant no pot
vendre ab aulne ne ab canne ne ab bergue si no que la
prenguy deus Juratz de lad. ville paguant ung deney bourdales po.ou chascune pesse daune et si fey lou contrary lou
senhor ya soixante sieys solz bourd. et losd. Juratz poden
prendre et rompre losd. pes et aulnes.

40. — Item que nul bourges de lad. ville de Langon no
deben crompar per rebende nulle condition de poullaille
ausetz ne voletiuue blat ne castaigne que vne beguade no
sie tout pourtat a la place marchande et sie passade lhore
de detz hores si no per lor prouision et aultrement no reseruat la prouision deu senhor dud. Langon et qui fera lou

contrary paguera soixante sieys solz au senhor et lesd.
poullailles et blat a la merce deus **Juratz**.

41. — Item que nul mercey ni oliey estrangey ne pot
desplegar ne vendre en lad. ville de Langon si no ung
journ tant seulement en passant lor camyn ou en jour de
feyre ou de marquat et qui fera lou contrary lesd. marchandises seran a la merce deus **Juratz**.

42. — Item se nulle personne se vol accasar en lad.
ville sera tengud dedens deux mes se venir presentar ausd.
officiers et **Juratz** et far lou segrement audict senhor et a
la ville et paguera une pesse dartilerie ou une baleste de
passe ausdictz **Juratz** per la garde de lad. ville.

43. — Item au cas que se voulouse mudar en aultre loc
sen poira anar ab touts sous bens satisfasen a partide si
aulcune en ya et jurera que dun an et ung journ apres que
sen sera annat non fera ne percassera ne far percassar
mau ne damnatge ausd. senhor **Juratz** et bourges de lad.
ville.

44. — Item que nulhe personne que vengue a la feyre
en lad. ville no deu estar arrestat ne pres per deute si no
que a la feyre agos malebat et promes pagar ou feyt cas
a la feyre per que no agos apportat pens ou expressement
renonciat aud. preuiliege.

45. — Item que si nul homme estrangey crompe beux
ne aultre bestiar en lad. feyre et ung bourges arriue sur
son marquat auant que lod. homme los aye pagatz lou
bourges lous aura si los vol au pretz per labourar ou per
la prouision de la ville.

46. — Item que tout marchant que portera peix en lad.
ville no lou poyra vendre que premeirement no sie visitat
per deux Juratz ou vesitedors a dasso comes si es bon et
marchant ou non et si fey lou contrary lou senhor ya sieys
solz.

47. — Item quant lou Juge es pausat per lod. senhor
deu far lou segrement ausdictz Juratz et bourges de far
dret au petit cum au grand et au grand cum au petit et
deu auer sous sergens et so que se appertent a la court et
deu tenir la cort ab deulx Juratz si se y troben et se deu
assetiar a tres ou daultre hore cmunement et au lieu arbi-
trador ab conseil deusd. Juratz et no pot dar ne lebar de-
fault de nulle personne si bien pendent la court et losd.
Juratz deben amandar lod. Juge et conseillar au sagrement
quen au feyt a tenir obseruar et gardar lou dreyt de la seigneurie de la Cort.

48. — Item que tout bourges habitant de lad. ville pot
plaidar par deuant lod. juge et menar sans nulh procur^r.
se far ab vou pagant lous despens raisonnables que sont
de dret.

49. — Item que tout bourges et habitant de lad. ville que
se fn adiournar lun laultre se poden relaxar deud. adiour-
nement si volen accordar damandan licency audict Juge
sans pagar los despens q. auran feyt lor reseruat lou dreyt
de sergent et grafier.

50. — Item que nulh bourges et habitant de lad. ville
non deu estre arrestat per obligation ne per deute tant quen
pusque mostrar bens et causes mobles et immobles de que
satisfar a partide ne hom no lou pot ne deu pignorar la

peilhe de suj ne de sa moller ne son arbalistre ne son porc
ni aynne ne no deu paga gatge per mandement de sargent
si no que age quarte ou instrument affirmat per deuant
lod. Juge Et si lou bourges es penhorat per lou gatge deu
peruost lou peruost la a tenir nau jours auant que lou vendre si no expressement agra obligat et expressement renonciat au present priuilege reseruat per los deneys deu
senhor.

51. — Item que si nulh bourges de lad. ville es arrestat
per nulh deute affirmat ou per aultre cas hors cas de crim
et un ault bourges ques voulouse far pagar lod. peruost
los deu baillar sans nulh delay Et si nuls des bourges eran
a lenquant a linstance d'un aultre bourges ou daultre estrangey se pot anar lodict estrangey et tournar a son hostau ung jour dentz 1. nau jours lou pot recouurar lod.
bourges pagant largent de la rende et lo dreyt de la court.

52. — Item que nulh bourges de ladicte ville no deu
estar arrestat estratement en les presons deu senhor per
cause que aye faite si no y aye cas de crim.

53. — Item que nulh bourges de lad. ville no deu res-
pondre per devant lod. Juge per damandar ne per nulh
deute dung bourges a daultre si no que sie mandat ou ad-
journat tres Jours deuant.

54. — Item que nulh bourges de lad. ville no den pagar
entrade ne saillide tant de sin q. de sin bestias au castet
si no per cas de crim y fesse boutat.

55. — Item que nulh bourges et habitant de lad. ville
no deben pagar despens que fasen deuant lou Juge lun en-
uers laultre si no lo dreit deu Juge procureurs et grafey.

56. — Item que nulh bourges et habitant de lad. ville
no es tengud ne deu far gueyt porte ne manobre au castet
si no per fortiffiar lod. castet deud. Lengon ne en aultre
part ne lo senhor ne los y pot contraindre si no que fosse
que lous bourges et habitants se agoussen et retreyen dedens lodict castet per guerre et aultrement no.

57. — Item que tout bourges et habitant de Lengon pot
tenir beux bacques porcqs truyes crabes et bocz crestons
et oalles et tout aultre bestiar sans pagar herbatge ne glan-
datge au seignor de lor neuris.

58. — Item que nulh marchant estrangey no deu vendre sau en menut que no sie bourges dens lad. ville de
Langon ne tant que dure la senhorie Et si fey lou contrary
lou senhor ya soixante sieys solz bourdales et la sau con-
fiscade audict senhor.

59. — Item que chascun mesurador que mesurera sau en
lad. ville prendra ung ardit per pippe per sond. mesurage.

60. — Item q. lod. shr prendra deusd. bourges et habitans de lad. ville de Langon de las vendes et Reyre vendes
de huict francs bourd. ung ainsin q. es far et coustumat
en bourdales.

61. — Item que nulh bourges ne habitant deud. Langon
non seran tingutz seruir ne seguir lod. senhor a lors despens si non ung Journ et une noeyt si cas ere q. lod. senhor
los voulouse far annar en guerre ou en ault part fors la
seigneurie deud. Langon.

Ici est une signature biffée.

Toutes lesquelles chosses susdites en tant que nous pou-
uons de droit aprouuons a tousjours a perpetuité par ces
presantes sy donnons en mandement a tous nos justissiers
officiers et subjets qui a presant sont et au temps a venir
seront que toutes et chacunes les chosses dessus déclarées ils
gardent et obseruent fassent garder et obseruer de point en
point selon leur forme et tenur en tesmoin desquelles chosses
nous auons signé ses presantes de nostre main et a icelles
fait mettre et posser le sel de nos armes en nostre Chasteau
de Cadilhac le vingt sixie° jour du mois de Septambre lan
mil quatre cens quatre vingtz quatorze. Ainsin signé Gaston de Foix et plus bas par Monseigneur Gaillard et de
Moncaut capitaine et preuost de Langon Nicolas de Lupian
Jean de Castet et Gassiot de Lamenssens sieur de La Barie
et autres présants. Signé de Chart et scellé de cire rouge
du sceau dudit sieur [1].

---

[1] Pour être rigoureusement exact, j'ai dû copier la clôture de cette
charte, telle qu'elle est établie au vidimé Fourquie ; mais il y a tout lieu
de croire que Gaston de Foix et Gaillard, son secrétaire, signèrent
seuls l'original.